¡ES UN CAMALEÓN!

por Tessa Kenan

BUMBA BOOKS™
en español

EDICIONES LERNER ◆ MINNEAPOLIS

Nota para los educadores:

En todo este libro, usted encontrará preguntas de reflexión crítica. Estas pueden usarse para involucrar a los jóvenes lectores a pensar de forma crítica sobre un tema y a usar el texto y las fotos para ello.

ediciones Lerner
Una división de Lerner Publishing Group, Inc.
241 First Avenue North
Mineápolis, MN 55401, EE. UU.

Si desea averiguar acerca de niveles de lectura y para obtener más información, favor consultar este título en www.lernerbooks.com

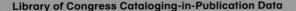

Library of Congress Cataloging-in-Publication Data

Names: Kenan, Tessa.
Title: ¡Es un camaleón! / por Tessa Kenan.
Other titles: It's a chameleon! Spanish
Description: Minneapolis : Ediciones Lerner, [2018] | Series: Bumba books en español. Animales de la selva tropical | Audience: Age 4–7. | Audience: Grade K to grade 3. | Includes bibliographical references and index.
Identifiers: LCCN 2016054203 (print) | LCCN 2016057308 (ebook) | ISBN 9781512441277 (lb : alk. paper) | ISBN 9781512454086 (pb : alk. paper) | ISBN 9781512449686 (eb pdf)
Subjects: LCSH: Chameleons—Juvenile literature. | Rain forest animals—Juvenile literature.
Classification: LCC QL666.L23 K4618 2018 (print) | LCC QL666.L23 (ebook) | DDC 597.95/6—dc23

LC record available at https://lccn.loc.gov/2016054203

Fabricado en los Estados Unidos de América
I — CG — 7/15/17

LERNER
e SOURCE

Expand learning beyond the printed book. Download free, complementary educational resources for this book from our website, www.lerneresource.com.

Tabla de contenido

Los camaleones cambian de color

Los camaleones son reptiles.

Hay muchos tipos de camaleones.

La mayoría de ellos viven en

las selvas tropicales.

Los camaleones tienen

distintos tamaños.

Algunos son tan grandes

como un gato.

Otros son más pequeños

que la uña de tu pulgar.

Los camaleones tienen los

dedos de los pies fuertes.

También tienen

las colas largas.

Estas les ayudan a

agarrarse de las ramas.

Los ojos de los camaleones pueden

ver en dos direcciones al

mismo tiempo.

Sus grandes ojos buscan comida.

¿Por qué puede
ser útil ver en dos
direcciones al
mismo tiempo?

Los camaleones comen

insectos.

Un camaleón saca

su larga lengua.

La lengua es pegajosa.

Esta atrapa al insecto.

Los camaleones pueden cambiar
el color de su piel.

Este camaleón se vuelve rojo.

El color rojo les dice a los demás
camaleones que se vayan.

**¿Por qué
cambian de color
los camaleones?**

Las madres camaleones también pueden cambiar de color.

Esta madre va a poner sus huevos.

¡Puede haber cien huevos!

¿Por qué piensas que los camaleones ponen tantos huevos?

16

Después la madre se va.

Pero los bebés saben qué hacer.

Pueden cambiar de color y atrapar

insectos justo después de salir

del cascarón.

Los camaleones

viven solos.

Pueden vivir hasta

doce años.

Partes de un camaleón

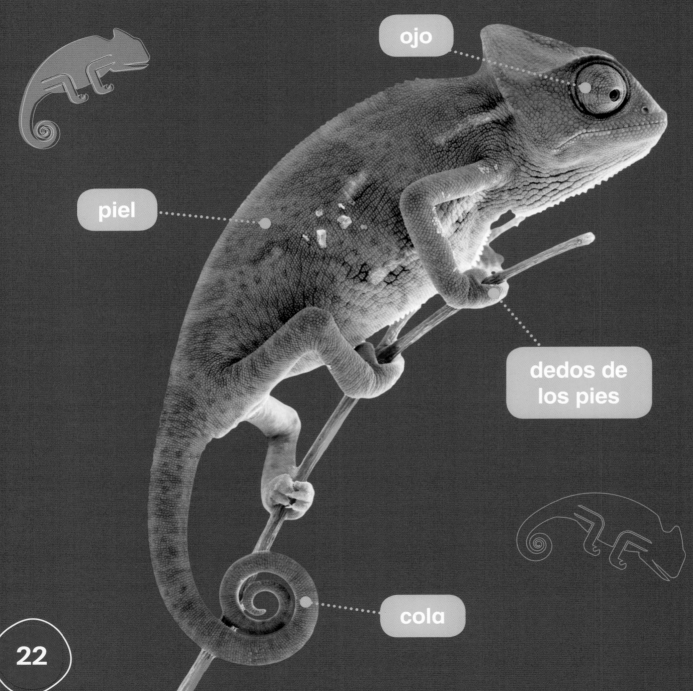

ojo

piel

dedos de los pies

cola

22

Glosario de las fotografías

insectos

animales pequeños con alas, seis patas y tres principales partes del cuerpo

reptiles

animales de sangre fría que se arrastran sobre sus panzas o caminan sobre sus cortas patas

salir del cascarón

salir fuera de un huevo

selvas tropicales

bosques tropicales densos donde cae mucha lluvia

23

Leer más

Carr, Aaron. *Chameleon.* New York: AV2 by Weigl, 2016.

Hansen, Grace. *Chameleons.* Minneapolis: Abdo Kids, 2015.

Raum, Elizabeth. *Chameleons.* Mankato, MN: Amicus High Interest, 2015.

Índice

Crédito fotográfico